中国骄傲　主编 柳建伟

中国射击——百步穿杨

北京时代华文书局

《中国骄傲》系列图书编委会

主　　编：柳建伟

编　　委：王晓笛　李西岳　杨海蒂　宋启发
　　　　　张洪波　张　垫　陈怀国　董振伟

特邀顾问：丁　宁　邓琳琳　许海峰　郑姝音
　　　　　赵　帅　徐梦桃　傅海峰　魏秋月

特邀专家：王　姗　王　海　江斌波　安　静　李尚伟
　　　　　李　震　何晓文　庞　毅　崔　莉　魏旭波

（按姓氏笔画排序）

写在前面

《中国骄傲》，如何诞生？

1984年洛杉矶夏季奥运会，许海峰一声枪响震惊世界，为中国体育代表团摘得奥运首金。自1984年起，中国体育代表团已经全面参加十届夏季奥运会，中国一步步成长为世界竞技体育强国。在这个过程中，中国体育健儿留下了无数值得铭记的经典瞬间。中国体育健儿的赛场故事，是动人、励志、具有感染力的；中国体育的荣誉瞬间，是辉煌、耀眼、增强民族自信心、提升民族自豪感的……

光阴似箭，40年已过，2024年，又是一个"奥运年"。值此之际，我们希望有一套图书可以传承中国体育的拼搏精神，可以让孩子们铭记动人的体育英雄故事，可以帮助孩子们树立正确的价值观、选择合适的励志榜样……《中国骄傲》系列图

书应运而生。我们希望用这套图书播下体育强国梦的种子，我们期待这套图书让中国的体育英雄故事跃然纸上，我们憧憬这套图书让更多的孩子爱上体育……

《中国骄傲》，内容如何构成？

中国体育代表团的征战史无比灿烂，中国体育健儿的传奇征途无比辉煌，有限的篇幅难以展现全部。在此我们只能选取部分体育项目和部分运动员的故事重点描绘，在这里没有先后、主次排名，只有我们对每一个"中国骄傲"无比的敬意。

目前《中国骄傲》系列图书有十册呈现给读者，分别是：《中国女排》《中国乒乓》《中国跳水》《中国田径》《中国射击》《中国游泳》《中国体操》《中国羽毛球》《中国时刻》《中国冬奥》。

《中国骄傲》，一直在路上……

未来，《中国骄傲》系列图书也将努力呈现中国体育更多的动人篇章，包括夏奥会、冬奥会、残奥会等，我们致敬所有为中国体育倾情付出的传奇英雄。《中国骄傲》系列图书就如同体育赛场的"中国骄傲"，一直在路上……

中国射击，百步穿杨！

　　射击运动历史悠久，起源于古人的狩猎和军事活动。这项运动有着独特的魅力，在竞技比赛中对于运动员的心理素质要求极高，不到最后一刻，永远不知道冠军的归属。

　　中国射击队成立于20世纪60年代，凭借着刻苦的训练和无畏的勇气，中国射击健儿多次在世界大赛中取得佳绩，如今中国射击队已经成为世界强队。1981年，巫兰英在世界飞碟射击锦标赛中折桂，成为中国首位射击世界冠军。1984年，许海峰"射落"中国体育代表团奥运会历史上的第一枚金牌，自此之后，射击一直是中国体育代表团在奥运会中的重点夺金项目。中国射击队辉煌的奥运征战史，是一部

在重压之下仍能镇定自若、站上巅峰的历史，无数射击名将因此被载入中国体育史册。

《中国射击》选取中国射击队的部分运动员，讲述了他们斩获荣誉的征程。中国射击队的荣耀历史精彩纷呈，传奇故事数不胜数，在此只能呈现部分运动员的动人篇章。他们用努力、汗水和勇气，铺成了中国射击的金色征途。谨以此书致敬中国的射击健儿们。

卷首语
英雄奏响,时代强音

射击,奥运会中最扣人心弦的项目之一。
每一次运动员扣动扳机前,
时间仿佛静止,胜负只在瞬间。
每一声枪响后,
子弹仿佛流星划破夜空,命运定格。

中国射击队——中国奥运军团中的一支劲旅,
在奥运会上缔造了无数经典画面,
用一个个荣誉瞬间,彰显了中国自信。

1984年洛杉矶奥运会,
许海峰一声枪响震惊世界,

实现中国奥运会金牌"零的突破",
让国人充分感受到了
"海阔心无界,山高人为峰"的强烈自豪。
"枪王之王"王义夫六战奥运会,
写就传奇征途。
"飞碟花木兰"张山巾帼不让须眉,
1992年巴塞罗那奥运会击败男选手神奇摘金。
22岁杜丽莞尔一笑,
让2004年雅典奥运会首金花落中国。
00后清华才女杨倩谱写青春之歌,
2020东京奥运会最后一枪将金牌完美"射落"。

发明火药的中国人自古就有射击的天赋,
血气方刚的射击健儿摘金夺银为国争光,
上演属于中国射击的巅峰时刻。

目 录

1
第一章
"零的突破"
——许海峰

21
第二章
"枪王之王"
——王义夫

41
第三章
"飞碟花木兰"
——张山

61
第四章
"射击女神"
——杜丽

81
第五章
学霸奥运冠军
——杨倩

100
致敬
奥运会英雄谱

104
射击小百科

从1932年刘长春成为第一位正式参加奥运会的中国运动员，到1984年许海峰为中国夺得历史上第一枚奥运会金牌，我们等待了52年。

第一章

"零的突破"
——许海峰

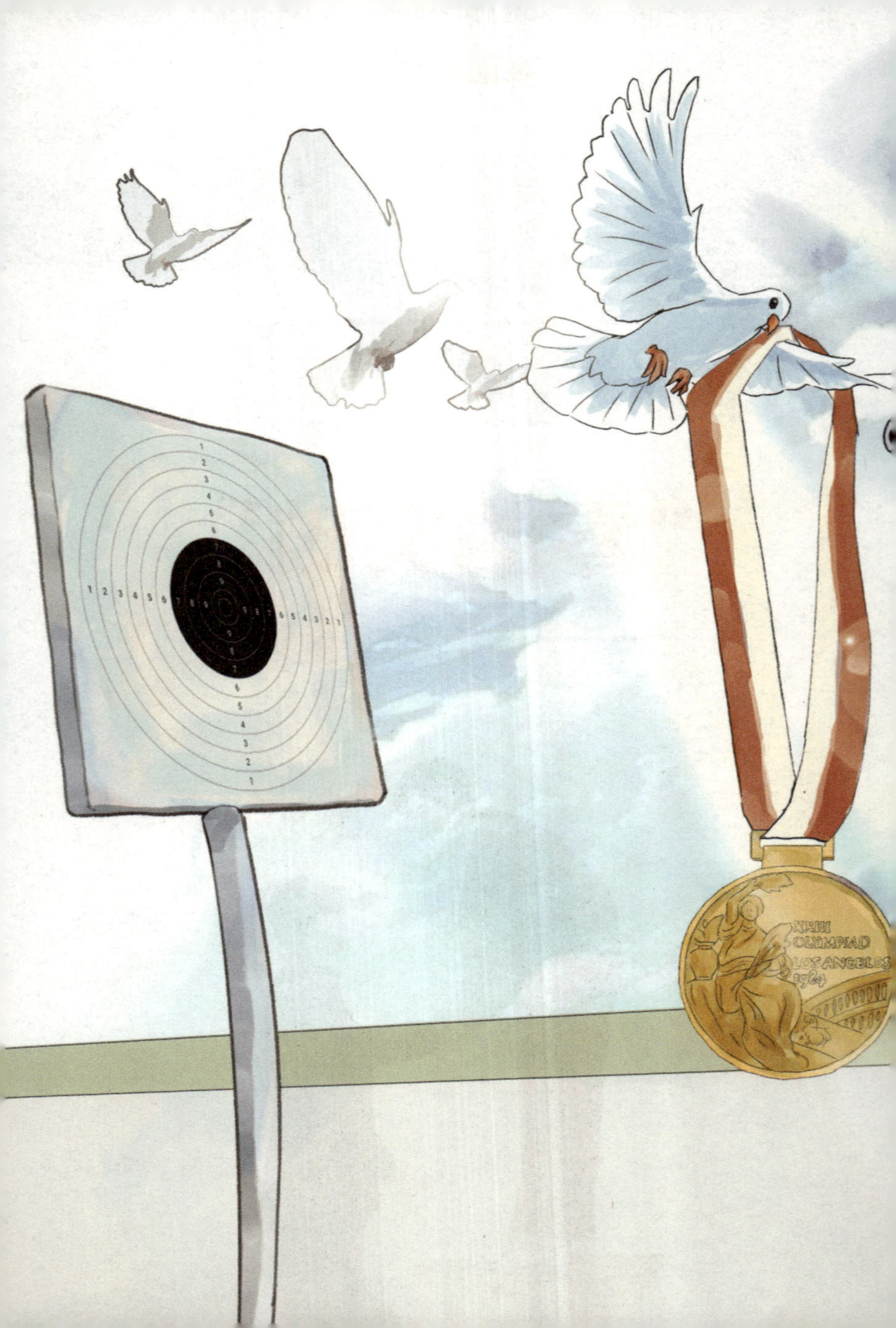
XXIII
OLYMPIAD
LOS ANGELES
1984

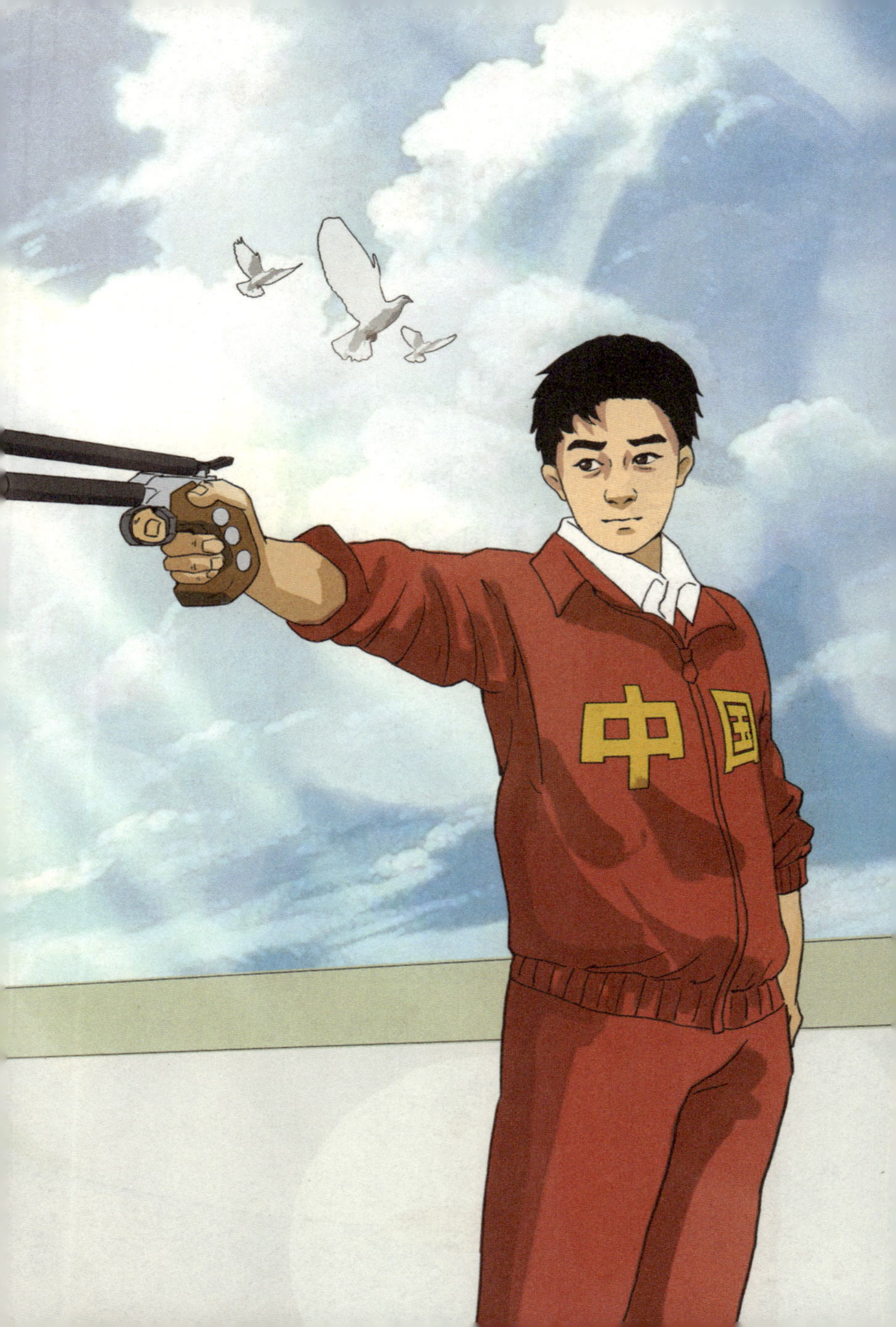
中国

艰巨的任务

1984年7月29日，美国洛杉矶普拉多射击场，洛杉矶奥运会男子50米自选手枪慢射的比赛正式打响。

选手们一字排开站在射击地线上，他们需要在两个半小时内分6组完成60发子弹的射击，环数最高的选手就将拿到金牌。

这个项目的金牌将是本届奥运会产生的第一枚金牌，而对于中国奥运军团来说，**此时的任务是完成奥运会奖牌和金牌"零的突破"。**

代表中国出战的两名选手是即将27岁的许海峰以及23岁的王义夫。

3个月前，在美国洛杉矶举行了一次大型国际射击比赛，许海峰拿到了该项目的冠军。重回"福地"的许海峰，即将开启荣耀征程。

"消失"的时间

本场比赛非常激烈。许海峰前两组打得很出色,两组10发子弹都打出了97环的好成绩,但是到了第三组,他第8发子弹仅仅打出8环。此时的许海峰感受到了前所未有的压力,因为剩余的比赛时间还比较充裕,所以许海峰选择离开赛场,在场外休息了约30分钟。

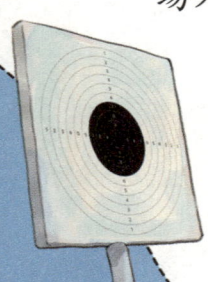

在这"消失"的时间里,许海峰选择放空自己,什么都不想,尽可能地让自己的身

体状态得到放松。当心情平静之后，许海峰在众人诧异的目光中，重新返回到比赛当中。

　　回归之后的许海峰继续自己的比赛，他的比赛状态慢慢地得到了调整。当比赛来到最后的阶段，其余选手都已打完自己的全部60发子弹，许海峰还剩最后一组10发子弹。
决定命运的最后时刻即将到来。

决战时刻

在已经结束比赛的运动员中,瑞典选手拉格纳·斯卡纳凯的成绩最好,中国选手王义夫排名第二,此时为中国奥运军团实现金牌"零的突破"的重任,全部落在了许海峰肩上。

前7发子弹打完,许海峰的感觉不是很好,只有一个10环的成绩。

纵然胸有万丈惊雷却面如平湖,此时的许海峰彰显了一名优秀射击手出色的心理素质。

　　他再次选择放下枪,进行调整和休息。十几分钟后,许海峰调整好自己的心态,**迎来最后的"决战"。**

　　此时距离比赛结束仅剩21分钟,赛场上所有人的目光都集中在他的身上。他淡定地做最后的准备,即将射出改写自己命运,同时也是改写中国体育历史的3发子弹。

里程碑到来

只见年轻的许海峰冷静举枪，子弹出膛，时间从未如此漫长。

伴随着最后一枪射出，场边传来了阵阵欢呼，此时的许海峰却是异常淡定，一方面他对自己最后一组的表现不太满意，另一方面他深知比赛结果还需等待裁判组的确认和复议。

最终，经过裁判组的确认，许海峰的成绩是566环，**他以1环的优势赢过瑞典选手拉格纳·斯卡纳凯，获得第一**，另外一名中国选手王义夫，以564环的成绩排名第三。

走过88年历史的现代奥林匹克运动会，终于迎来首位登上冠军领奖台的中国选手。这枚奥运会射击金牌，不仅帮助奥运会中国体育代表团实现了奥运会金牌"零的突破"，**于中国体育而言，更是一个载入史册的里程碑，也是中国体育发展的新起点。**

许海峰创造了历史。

少一面五星红旗

许海峰夺得金牌，王义夫摘下铜牌。也就是说在颁奖典礼上，**将有两名中国选手登上领奖台，两面五星红旗将同时升起。**

然而这时候出现了一个小插曲。

在比赛开始前，组委会的工作人员并不认为中国的2名参赛选手可以同时登上领奖台，于是他们只准备了一面五星红旗。当比赛结束之后，许海峰和王义夫的成绩让组委会措手不及。

颁奖仪式被迫推迟，直到组委会通过直升机空运来另外一面五星红旗。当一切准备就绪之后，颁奖典礼才正式开始。对于这样的失误，组委会也进行了道歉。

赛前，许海峰没有想过自己能够站上领奖台，也就没有准备领奖服。夺得创造历史的金牌后，他只能穿着找队友借来的并不合身的领奖服去领奖。

伟大的一天

时任国际奥委会主席胡安·安东尼奥·萨马兰奇亲自为许海峰颁奖,并激动地说:"今天是中国体育史上伟大的一天,我为能亲手把这一枚金牌授予中国运动员而感到荣幸!"

就这样,奥运会赛场上,第一次奏响中华人民共和国国歌,第一次升起鲜艳的五星红旗。"迟到的"国旗和

借来的领奖服,并不算尽善尽美的颁奖仪式,却成为奥运会中国体育代表团璀璨征程的开端。

自此之后,五星红旗成为奥运会颁奖典礼的"常客",站上奥运会领奖台的中国选手,也更加从容、更加自信。

自1984年首夺奥运金牌,中国奥运健儿已经走过了40年壮丽辉煌的历史,谱写了无数值得铭记的佳话。正如许海峰日后回忆所说:"无论是奥运会还是亚运会,中国都牢牢地挂在金牌榜上。在很多领域,很多行业,全世界都看到了'中国'两个字。"

选择退役

　　拿下奥运会金牌的许海峰,将自己的运动员生涯往后延续了10年。在之后的比赛里,许海峰屡创佳绩。1986年的汉城亚运会,许海峰为中国体育代表团赢得4枚金牌,并且还刷新了一项世界纪录。

　　1990年北京亚运会,中国第一次承办大型综合性国际运动会。

中国奥运首金得主许海峰作为运动员代表，在亚运会开幕式中手持火炬进入主会场，并点燃了北京亚运会的主火炬。

1993年底，本就视力不佳的许海峰遭遇了视网膜病变，视力进一步下降。**1994年，许海峰坚持参加比赛，并在世锦赛和亚运会上都获得了金牌。**但是眼疾确实影响成绩，因此1995年他正式接过了中国射击队女子手枪项目主教练的教鞭。

在新的岗位上，他仍然坚信，只要想做就一定能行。

冠军教练

成为教练员的许海峰,依旧兢兢业业,刻苦钻研。

1996年亚特兰大奥运会,李对红夺得女子25米运动手枪金牌。2000年悉尼奥运会,陶璐娜摘得女子10米气手枪金牌。2008年北京奥运会,陈颖获得女子25米运动手枪金牌。李对红、陶璐娜和陈颖,正是许海峰培养的高徒。

作为射击运动员,许海峰是改写奥运会历史的金牌选手。作为射击教练员,许海峰又

成为迎难而上的冠军教练。

2008年8月8日晚,国家体育场"鸟巢"上空灿如白昼。北京奥运会开幕式点火仪式上,许海峰作为第一棒火炬手,将奥运圣火送入"鸟巢"。**从奥运会中国体育代表团的第一枚金牌得主,到2008年北京奥运会开幕式火炬点燃仪式的第一棒火炬接力手,时隔24年,两个"第一",是呼应,也是传承。**

他六次征战奥运会，在43岁时，再次"射落"奥运金牌。2金3银1铜，跨越20年的奥运之旅，"枪王之王"王义夫缔造了一段传奇的生涯。

第二章

"枪王之王"
——王义夫

1984 1992 20 04

一九八八　一九九六　二〇〇〇

一九八四　一九九二　二〇〇四

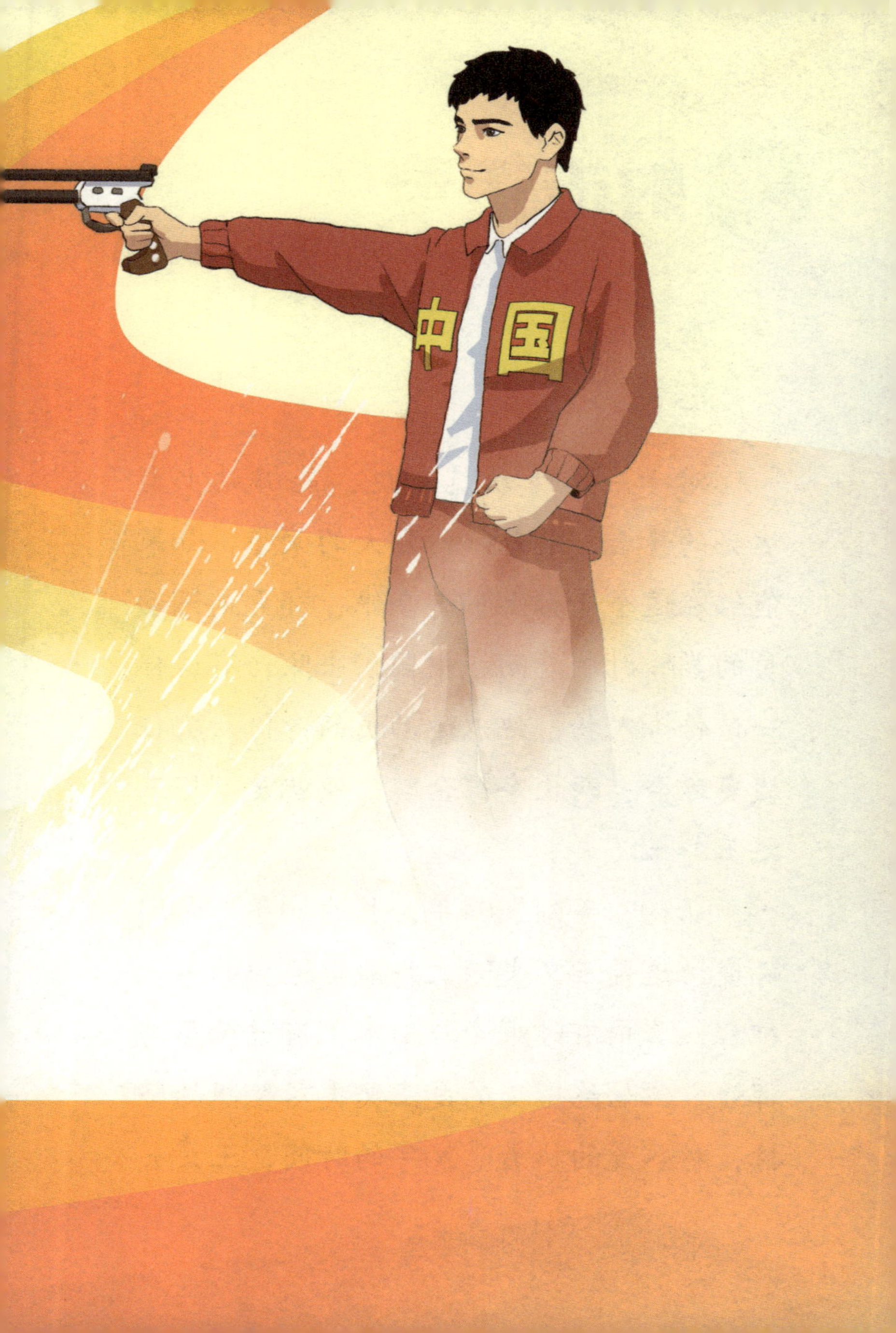
中国

射击传奇

对于一名运动员来说，能够站上奥运会的舞台，就是一份巨大的荣誉，如果能够在这个舞台上摘金夺银，那更是运动员的巅峰时刻。而在中国射击队，有这样一位传奇人物，他以运动员的身份六次征战奥运会，两次夺得金牌，他就是"枪王之王"王义夫。

从1984年到2004年，长达20年的时间跨度，这是王义夫六次征战奥运会的不凡征程，其中有过艰辛与泪水，有过荣誉与辉煌。但始终不变的是王义夫对梦想的坚持，对热爱的执着。20年的时间，王义夫完美地诠释了奥运精神，缔造了让人肃然起敬的职业生涯。

让我们一起来回看，**属于王义夫的了不起的六次奥运之旅。**

"枪王"追梦

　　1984年洛杉矶奥运会男子50米自选手枪慢射，许海峰帮助奥运会中国体育代表团实现了金牌"零的突破"，当时23岁的王义夫以2环之差排在第三名，获得了一枚宝贵的铜牌。这是王义夫第一次站在奥运会的舞台上，他与队友许海峰，联袂向世界第一次展示了中国射击队独有的自信。

4年之后，1988年汉城奥运会，王义夫迎来第二次奥运之旅。但是这一次他表现不佳，未能登上领奖台。此时此刻，奥运会金牌仍然是他苦苦追寻的梦想。

　　结束了遗憾的汉城之旅后，王义夫更加刻苦地训练，**一切都在为下一届奥运会做准备**。

　　1992年7月26日，巴塞罗那奥运会射击赛场，王义夫又一次迎来冲击金牌的机会。然而遗憾依旧如影随形，他在男子50米自选手枪慢射的比赛中，再度与金牌失之交臂，拿到了一枚银牌。

终获首金

8年时间，两度错失站上最高领奖台的机会，奥运金牌近在咫尺却又遥不可及，这样的打击没有让王义夫沉沦。这位沉稳的射击手迅速收拾心情，调整心态，仅仅2天之后，王义夫再次迎来决赛，这一次是男子10米气手枪。

资格赛中排名第二的王义夫，又一次向奥运金牌发起冲击。有了过去几届奥运会经验的积累，有了本届奥运会首秀摘银的铺垫，此时的王义夫更加从容自信，在决赛中稳健地发挥出了自己的水平。最后一枪打完，冠军归属王义夫，内敛沉稳的他，庆祝的方式仅仅是挥舞了几下手臂。

奥运金牌梦实现的瞬间，他没有狂喜，也没有过度地庆祝。

多年射击生涯的磨炼，三届奥运会的历练，让王义夫能够以更加成熟的姿态应对所有的结果。他可以淡定地庆祝获得金牌，也可以从容地微笑接受失败。

憾失金牌

　　1996年亚特兰大奥运会开始前，由于长时间的训练，王义夫患上了严重的颈椎病，血管也由此变得比常人狭窄很多，他常常感到头晕目眩。在出发赶往亚特兰大的当天早上，王义夫晕得动不了，最后是被队里的同伴抬上汽车去的机场。即便如此，他依旧不想放弃比赛，因为他不想影响中国射击队的士气。

　　依靠吸氧维持清醒，王义夫走上了男子10米气手枪决赛赛场。9枪后，王义夫位列第一，加上资格赛成绩，他已经取得了3.8环的优势，距离自己的第二枚奥运金牌咫尺之遥。

但最后一枪时意外还是来了，饱受疾病困扰的王义夫开始出现供血不足、喘不过气的情况。他头晕目眩，根本站不稳。**几乎是在眩晕的状态下，王义夫打出了最后一枪，随即便晕倒在了赛场。**

6.5环——行将倒下的王义夫以0.1环的微弱差距，与金牌失之交臂，屈居亚军。

传奇延续

从1992年巴塞罗那奥运会摘金终圆梦,到1996年亚特兰大奥运会稳操胜券却功亏一篑,王义夫不仅练就了永远争第一的雄心,也有了坦然接受遗憾的平常心。

经历了四届奥运会的洗礼,他以更加平和的心态迎来了自己的第五届奥运会。2000年悉尼奥运会的赛场上,他在男子10米气手枪项目中再度收获一枚银牌。

参加五届奥运会，拿到1枚金牌、3枚银牌、1枚铜牌，王义夫已经成就了足够传奇的射击生涯。

但这位坚忍的老将却并不满足，下一届奥运会，他将再次出发，让自己的运动生涯又迎来一次璀璨的怒放。

"不老枪王"再出征

奥运会"五朝元老"王义夫带着更加从容的心态，踏上了2004年雅典奥运会的征程。此时的他已经收获了5枚奥运奖牌，但同时也面临着时光的侵袭。43岁的"高龄"给他带来了丰富的阅历和经验，也带来了身体机能下降、精力不济的问题。

在男子10米气手枪资格赛中，他和俄罗斯名将内斯特鲁耶夫齐头并进，两人拉开了与身后选手的差距。

决赛中，他们成为金牌最有力的争夺者。

果不其然，决赛的前九枪打完，两人遥遥领先且成绩相同。

两人在决赛中最后一枪的成绩，将决定奥运金牌的归属。

内斯特鲁耶夫率先完成射击，顶着巨大的压力，他仅仅打出了9.7环的成绩。

"枪王"再摘金

举枪,凝视前方。放下,调整呼吸。再度举枪。

此时的王义夫目光深邃而又坚定,他顺着时光的长河,穿越二十载岁月,站在他职业生涯最后的机会面前,冷静地扣动了扳机。

2004年雅典奥运会男子10米气手枪比赛成绩

名次	运动员	资格赛	决赛	总计
1	王义夫	590	100.0	690.0
2	内斯特鲁耶夫	591	98.8	689.8
3	伊萨科夫	584	100.3	684.3
4	基里亚科夫	583	100.4	683.4
5	秦钟午	582	100.9	682.9
6	金贤雄	583	99.0	682.0
7	巴赫塔米扬	582	99.9	681.9
8	金钟秀	582	99.2	681.2

9.9环——王义夫以0.2环的优势，惊险地拿下了这个项目的冠军，也成为当时奥运会中国体育代表团最年长的奥运冠军。

　　四年前亚特兰大奥运会的遗憾没有再现，这一次他胸前佩戴的奖牌金光闪闪。

"枪王"落泪

颁奖典礼上,当国歌响起,五星红旗缓缓升起的时候,43岁的王义夫潸然泪下。前面五届奥运会,经历大起大落和人间百态的王义夫没有落泪。但即将告别自己战斗已久的射击赛场,王义夫却再也无法克制自己的情绪。

故事的结尾,"枪王之王"王义夫划上了完美的句号。

退役后的王义夫没有离开射击事业,他成为中国射击队的总教练,在自己奋斗过的这片赛场上,继续挥洒着热血,贡献着能量。

中国射击队也在他的率领之下,成为奥运会中国体育代表团的一支劲旅,在奥运会的比赛中夺金摘银,荣誉无数。

王义夫征战六届奥运会的传奇经历、面对人生起落淡然处之的豪迈与自信,成为这个集体宝贵的精神财富,也成为我们每个人学习的榜样。

1992年巴塞罗那奥运会射击赛场，她击败53名男选手，"射落"金牌。张山200次击发200次命中演绎传奇一战，"飞碟花木兰"诠释巾帼不让须眉。

第三章

"飞碟花木兰"
——张山

Amazing!

200 发
200 中

不甘做陪衬的女将

奥运会中的绝大多数比赛项目，都会分别设置男子组和女子组。由于身体素质有着天生的差异，男性相较于女性，在绝对力量、速度、爆发力等方面占据一定的优势，男性运动员也就在需要相应能力的比赛项目中占据了优势。

在1992年巴塞罗那奥运会的赛场上，双向飞碟项目是由男女运动员同场竞技。来自中国的女将张山，在双向飞碟项目中，不得不面对众多占据一定优势的男性运动员。

面对天生的劣势，女性运动员在这

个项目中，似乎只能扮演"陪太子读书"的角色。然而，张山偏不服软，**她不想成为男选手的陪衬，也绝不会将身体素质的优劣置于脑海中，让其成为影响自己发挥的绊脚石。**

飞碟比赛规则科普

这项运动不仅考验选手的射击准度，更考验选手的注意力和耐力，**他们需要时刻关注碟靶的飞行情况，快速完成射击动作。**

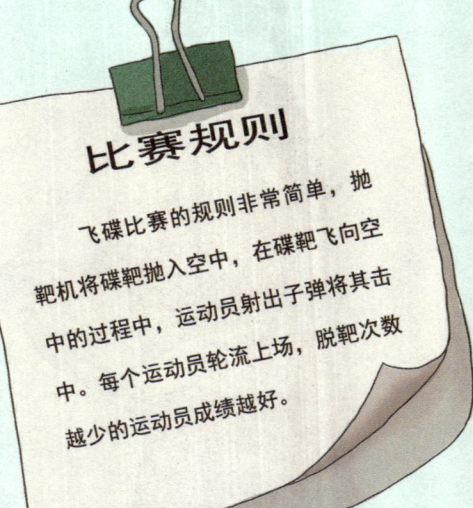

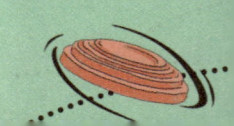

比赛规则

飞碟比赛的规则非常简单，抛靶机将碟靶抛入空中，在碟靶飞向空中的过程中，运动员射出子弹将其击中。每个运动员轮流上场，脱靶次数越少的运动员成绩越好。

毋庸置疑,在这项运动中,男性运动员占据先天优势。数据不会说谎,在入围1992年巴塞罗那奥运会双向飞碟比赛的60名选手中,有53名男性运动员,却仅有7名女性运动员。

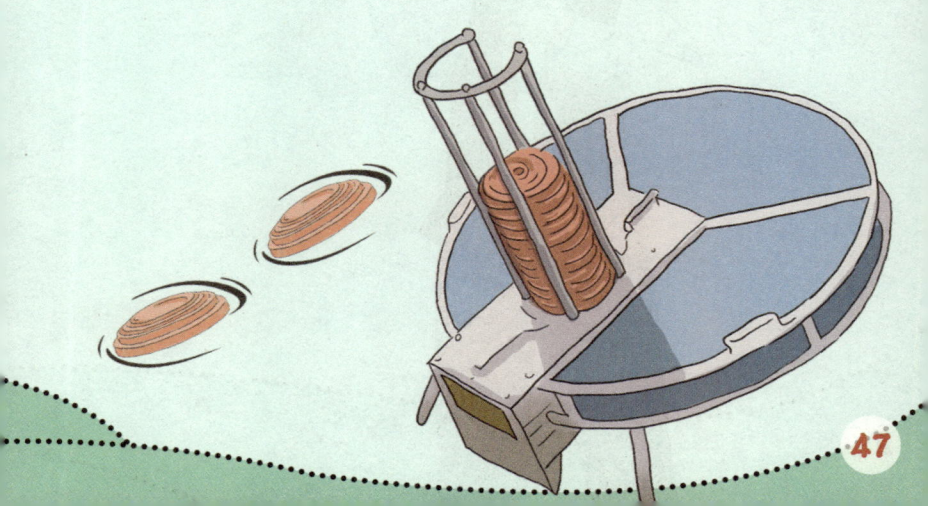

百发百中
惊艳全场

"飞碟花木兰"张山，便是这7名参赛的女性运动员之一，她震惊世界的神奇征程就此开始。

1992年巴塞罗那奥运会双向飞碟比赛打响后,张山状态出色,200发子弹无一脱靶,上演了百发百中的好戏。

凭借着弹无虚发的超强实力,张山强势晋级决赛。她不仅是唯一闯入决赛的女性运动员,更是进入决赛的6名运动员中成绩最好的那一个。

"飞碟花木兰"摘金

张山距离1992年巴塞罗那奥运会的金牌,只剩下最后决赛的25发子弹。

在异常紧张的气氛烘托之下,决赛的难度和压力陡增,此前200发全部击中的张山,也开始出现脱靶的情况。

然而,在此前的比赛中,她取得了巨大的领先优势,而剩下5名男性运动员在决赛中的发挥也不

是尽善尽美。最终，张山凭借225次击发223次命中的总成绩，力压参加决赛的5名男性运动员，击败这个项目参赛的全部53名男性运动员，神奇地拿下了这枚宝贵的奥运金牌。

传奇的胜利

在男女运动员同场竞技的项目中,女性运动员击败男性运动员夺冠几乎是不可能发生的。这场胜利的传奇程度,让张山瞬间成为比赛现场的明星,因为她是奥

运会历史上唯一获得男女混合射击比赛金牌的女性运动员。**她头戴印有"CHINA"（中国）字样的红色帽子，端枪射击的画面，成为奥运历史上传奇的一幕。**

现场的运动员、裁判员向她表示祝贺，现场的观众一次次地为她送上欢呼和掌声。

时任国际奥委会副主席何振梁先生，也激动地来到场地旁边，与张山握手、合影。

被举起来的奥运冠军

1992年巴塞罗那奥运会双向飞碟项目的颁奖仪式上,更是出现了奥运会历史上的经典场面。

击败了53名男选手并最终夺冠的张山，站在领奖台的中间，面带微笑地戴上了金牌。站在她两边的是银牌和铜牌的得主，他们分别是来自秘鲁的胡安·吉哈和来自意大利的布鲁诺·罗塞蒂。

　　这两名男选手虽然在比赛中输给了张山，**但对她的射击表现心悦诚服，两人一起将张山托举了起来**。笑容灿烂的张山和两位托举起他的男选手，定格了奥运会颁奖仪式上的经典镜头。

"高龄"仍在"战斗"

1992年巴塞罗那奥运会后,国际射击运动联合会终止了男女选手共同参加双向飞碟的历史。双向飞碟项目在1996年亚特兰大奥运会被保留,但是只设男子组比赛。

1997年,女子双向飞碟项目被列为奥运会比赛项目,此前已经淡出射击赛场、进入大学校园学习的张山,选择了复出。尽管张山未能重现巴塞罗那奥运会的辉煌,但她还是取得了一系列的好成绩。2010年广州亚运会,张山帮助中国队拿到团体冠军,这是她继1990年北京亚运会夺金之后,时隔20年又一次斩获亚运会金牌。更为神奇的是，在2017年7月26日举行的第13届全运会射击项目中，张山在女子双向飞碟的比赛中"射落"一枚银牌。49岁"高龄"仍在"战斗"的她，豪言要一直打下去。

"飞碟花木兰"突破自我

赛场上,她打破性别限制,完成击败53名男选手、拿下奥运冠军的神迹;

人生中,她打破年龄限制,完成49岁"高龄"仍能争金夺银的"不老神话"。

张山曾豪迈地说道:"我说过自己永远都不会退役,金牌也不是我追求的唯一目标。这把年纪还参加训练、比赛,对我来说应该是对事业热爱的表现。**我享受人、枪、飞碟完美结合的境界。**没有任何事情,可以像飞碟射击那样,让我如此着迷,如此享受。"

热爱让张山如此自信、如此享受,也让张山一次次把不可能变为可能。

她回眸一笑摘首金，她泪洒北京留遗憾，她笑中带泪再加冕。四届奥运会的征程，她的笑与泪贯穿始终。她是杜丽，她是我们的"射击女神"。

第四章

"射击女神"
——杜丽

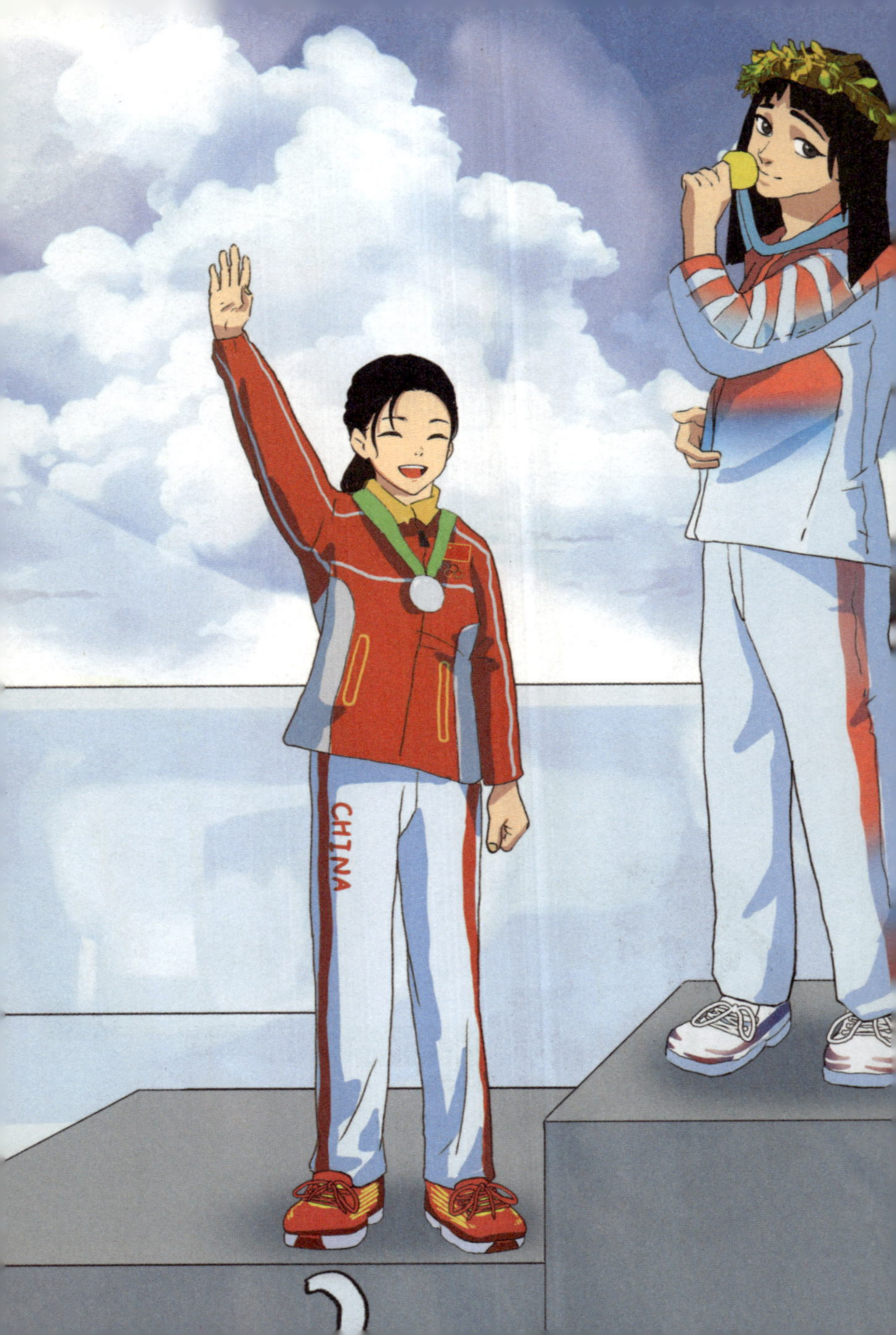
CHINA

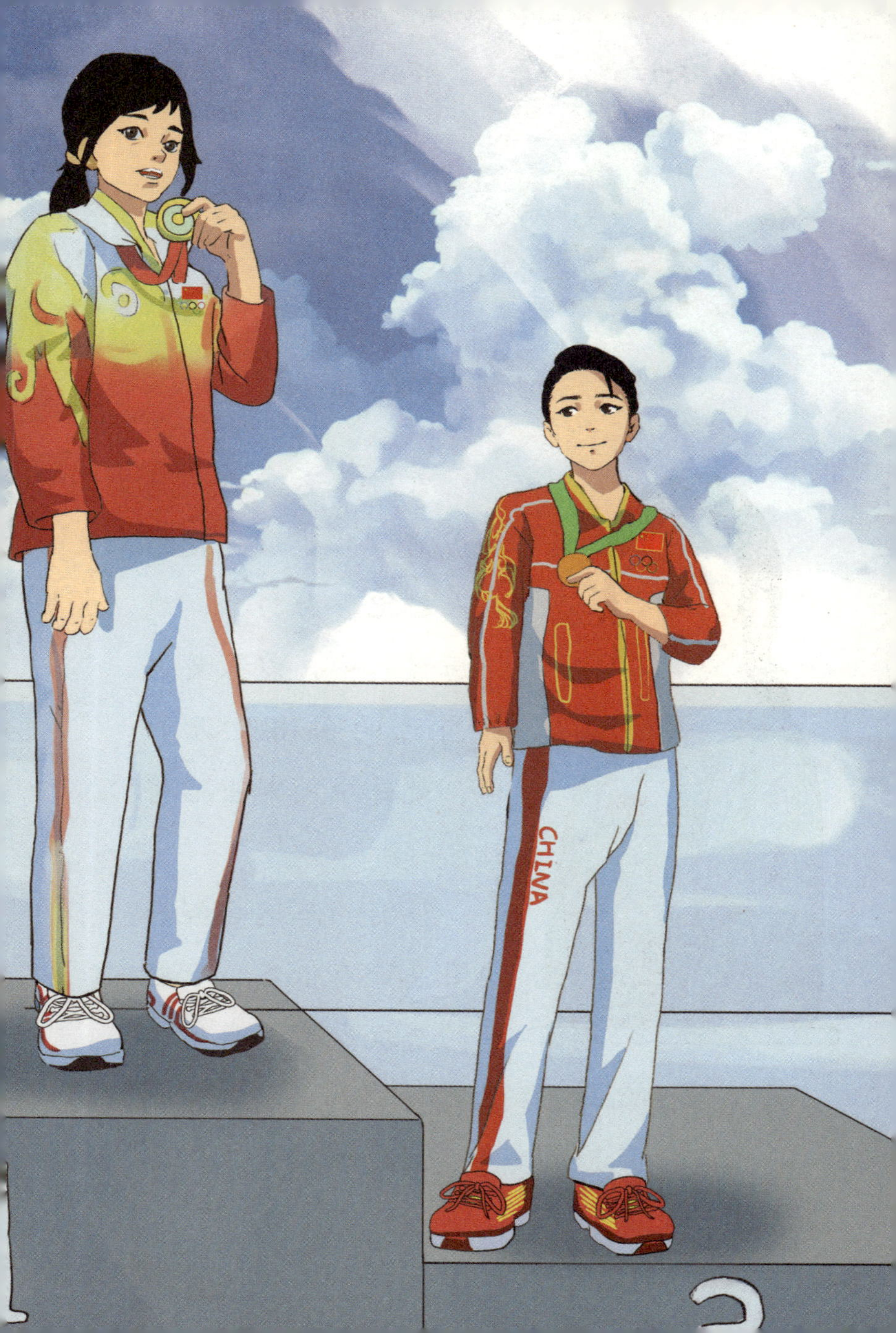
CHINA

"射击女神"的笑容

首战奥运会她"一枪成名",莞尔一笑为世人铭记。匆匆十二载她历经起伏,以微笑告别自己的射击生涯。她,就是中国射击名将杜丽。

杜丽的奥运会经历中有高峰有低谷,有胜利的喜悦也有憾负的苦涩,但笑容却贯穿始终。

2004年雅典奥运会她逆转摘金,回眸

一笑满脸青涩。2008年北京奥运会她强势逆袭，泪中带笑找回自我。2012年伦敦奥运会她笑对低谷，蛰伏之时积蓄反弹的能量。2016年里约奥运会她摘银夺铜，淡然一笑转身告别。

　　四届奥运会的经历中，**杜丽不是永远的赢家，却永远用笑容迎接所有的结果。**

第一次奥运之旅

2004年8月14日,雅典马可波罗射击馆,雅典奥运会女子10米气步枪的金牌争夺战,已经进行到让人窒息的阶段。

来自俄罗斯的柳博芙·加尔金娜如有神助,她在资格赛中取得了1环的优

势，在决赛中的前9次射击也几乎完美，每一枪的成绩都在10环及以上。但9轮过后，她的优势还剩0.4环。

在她身后穷追不舍的正是杜丽。这位22岁的中国姑娘是第一次参加奥运会的比赛。她在决赛前9枪的发挥不可谓不出色，但是面对状态火热的加尔金娜，她想在最后一枪完成逆转并最终夺冠，看起来相当困难。

回眸一笑天下知

决赛最后一枪即将打响,加尔金娜率先扣动扳机,却仅仅打出了9.7环的成绩。巨大的心理压力之下,她打出了本场决赛的最差表现。

杜丽屏气凝神,随着一声枪响,杜丽最后一枪的成绩定格在10.6环。她完成了对加尔金娜的反超,帮助奥运会中国体育代表团拿下了一枚宝贵的金牌,这枚金牌也是2004年雅典奥运会所有项目中产生的第

一枚金牌。

　　"一枪成名"的杜丽转身面向观众席，回眸一笑，迎接欢呼。杜丽的笑容成为中国奥运会历史上经典的一幕。22岁的她自信从容地挥了挥手，以一枚金牌结束了她梦幻的首次奥运之旅。

重压下的失利

2004年雅典奥运会夺金后，杜丽在女子10米气步枪这个项目中，展现了极强的统治力。2008年北京奥运会，杜丽也成为该项目当仁不让的夺冠热门选手。4年前她以黑马的姿态拿下首金，4年后在家门口，她被视作北京奥运会首金的"捍卫者"，这枚意义颇为特殊的金牌和数亿观众的期待，让杜丽感受到了前所未有的压力。

2008年8月9日，北京奥运会女子10米气步枪决赛如期而至，来自捷克的名将卡特琳娜·埃蒙斯状态火热，从比赛伊始就

保持着极高的水准，最终以绝对优势拿到了金牌。顶着巨大压力出征的杜丽却发挥失常，最终仅仅获得第5名。

赛后，杜丽的眼泪像决堤的洪水。沉重的压力和失利的沮丧让她再也无法控制自己的情绪，她掩面痛哭释放自己的委屈和不甘。

丢掉包袱再冲金

紧张的赛程并没有给杜丽留下太多悲伤的时间，短短5天后她就将迎来北京奥运会另外一个项目——女子50米步枪三种姿势的比赛。

冲击首金失利后，杜丽就从奥运村搬回了北京射击场，她不看报纸、不看电视，两耳不闻窗外事，一门心思准备着自己的下一项比赛。5天时间仿佛比4年还要漫长，当杜丽再次站上北京奥运会的赛场，她终于找回了丢掉一切包袱、轻装上阵的感觉。

女子50米步枪三种姿势的资格赛中，杜丽"先抑后扬"，在卧射和立射的比赛中表现不佳，在最后一项跪射的比赛中却技高一筹，20发子弹打出199环，最终以资格赛第一的成绩闯入决赛。

从苦到甜的泪水

2008年8月14日,射击女子50米步枪三种姿势的决赛打响。杜丽又一次在开局表现不佳,第一枪仅仅打出8.7环的成绩,在资格赛中积累的优势也荡然无存。

但彻底卸下包袱的杜丽,在随后的比赛中迅速调整,强势反弹,伴随着第九枪打出10.8环的好成绩,她带着1.6环的巨大优势进入最后一枪。

最终杜丽顶住压力,打出10.5环,将金牌收入囊中,她也终于拿到了梦寐以求的"金镶玉"(北京奥运会奖牌)。

比赛结束之后,杜丽的招牌笑容让

人想到了四年前的雅典奥运会，只是这一次，杜丽的笑中带泪，经历了漫长的5天，她用笑容驱散了阴霾。**5天前如决堤的洪水般的泪水是苦涩的，夺金后与笑容一起绽放的泪水，则是无比甜蜜的。**

"射击女神"再出发

连续两届奥运会拿下金牌后,杜丽在2009年迎来了人生的又一个重要时刻。她和2008年北京奥运会男子10米气手枪金牌得主庞伟举行了婚礼,他们也成为中国体育史上第一对奥运冠军夫妻。

2012年伦敦奥运会后,杜丽递交了暂时退役申请。然而中国射击队备战2016年里约奥运会的过程中迫

切需要老将的经验，于是杜丽毅然决定复出，迎接她职业生涯的第四次奥运之旅。2015年1月，杜丽正式回归，开始备战2016年里约奥运会。

此时，历经三届奥运会洗礼的杜丽更加成熟、更加淡然。金牌不再是唯一的目标，她要好好享受自己的最后一次奥运之旅。

"射击女神"微笑谢幕

2016年里约奥运会的赛场上,杜丽拿到了女子10米气步枪项目的银牌和女子50米步枪三种姿势项目的铜牌,时隔8年再度站上了奥运会的领奖台。

尽管没有获得金牌,历尽千帆的杜丽还是微笑着站上了领奖台,微笑着为自己的射击生涯画上了句点。

2004年,摘金后莞尔一笑的杜丽,让全世界看到了中国年轻人的自信;2016

年，夺银摘铜后依旧微笑的杜丽，让全世界看到了中国运动员的从容。

杜丽作为运动员的奥运故事至此已经结束。这段故事里有年少成名的意气风发，也有功亏一篑的忧郁苦闷，有跌入低谷的泥泞挫败，也有王者归来的得偿所愿。她贯穿始终的笑容，不仅是她走过所有旅程的支撑，也是她对待射击、对待体育、对待生活的态度。

清华学霸、"比心女神"，这是属于中国首位00后奥运会"双冠王"的标签。她在2020东京奥运会的赛场中横空出世，她是邻家女孩，更是"中国骄傲"。她，就是杨倩。

第五章

学霸奥运冠军
——杨倩

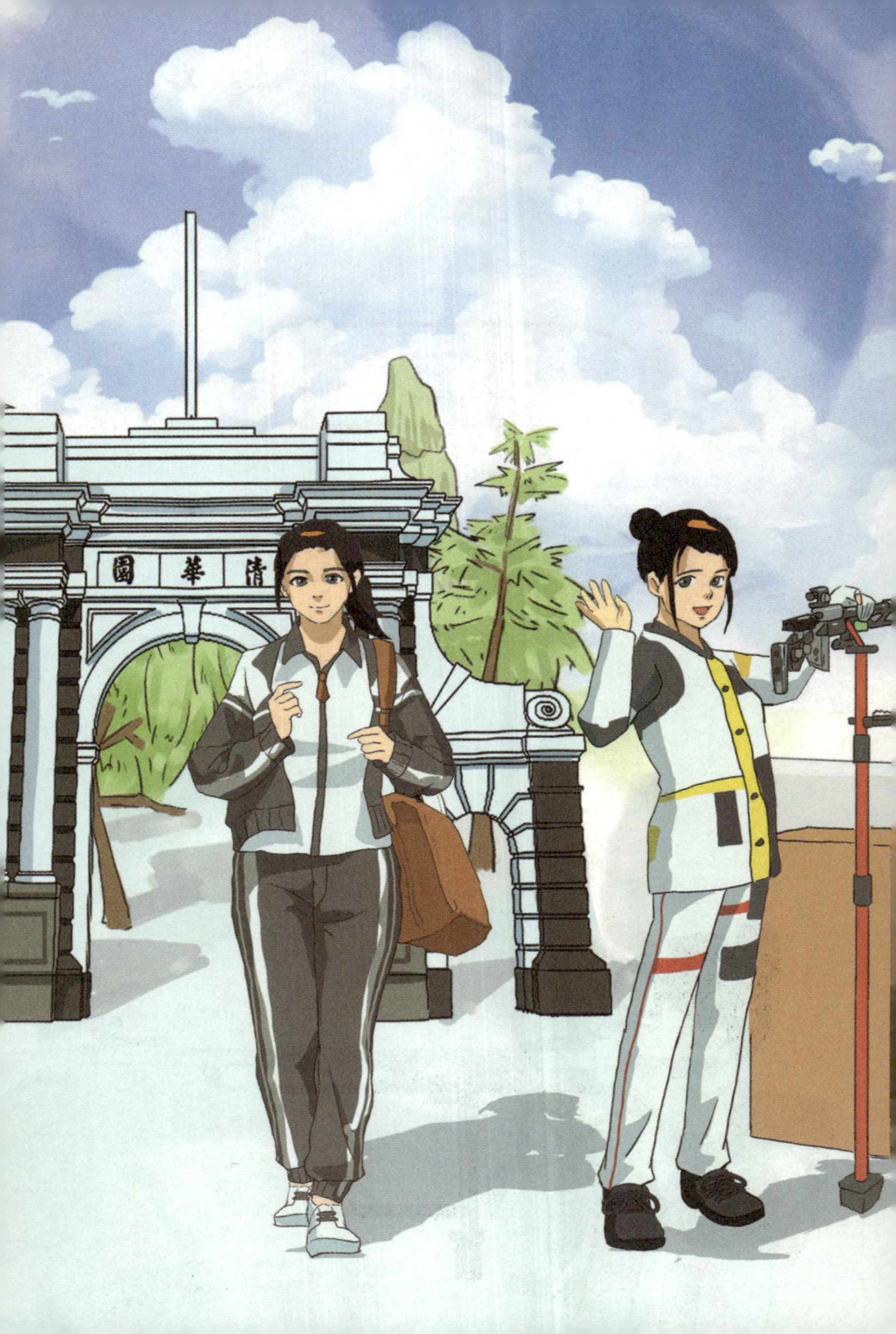
清華園

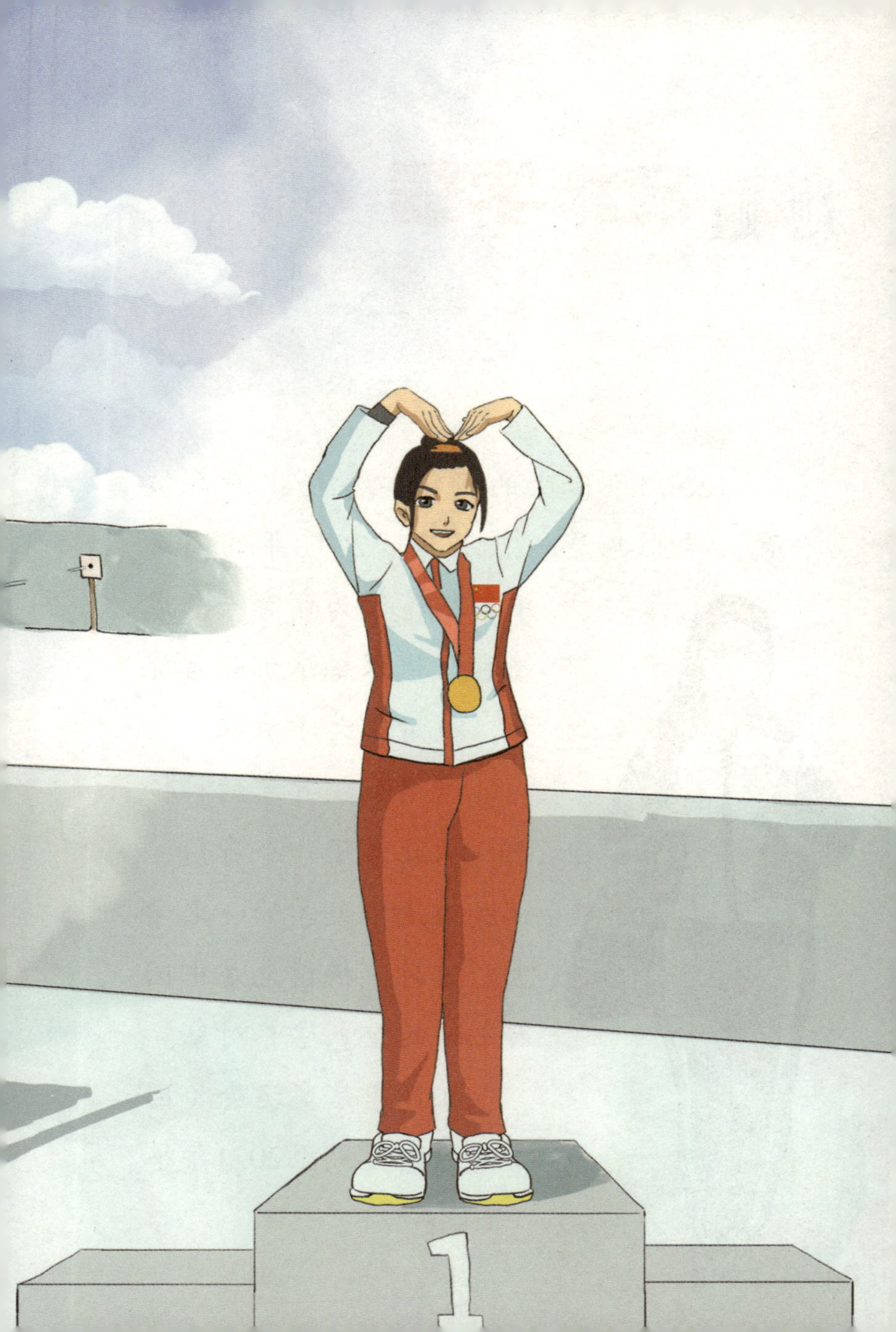
1

清华学霸

2000年出生的杨倩,赛场上所向披靡,学业也是一点不落。2018年的高考中,杨倩因为体育专项成绩和文化课成绩都非常优异,被清华大学录取。

这名天赋异禀的神枪手,从此多了一个身份,她成为清华大学的一名学生。彼时,杨倩也是中国射击队的重点培养对象。

2020东京奥运会(因疫情原因延期至2021年举

办）女子10米气步枪的参赛名单中，杨倩的名字赫然在列。但这位来自清华大学的学霸，并未引起过多的关注。

由于杨倩在整个2020年几乎没有参加国际比赛，她的世界排名仅在第81位，对于很多人来说，这位年轻的选手"神秘且陌生"，而来自印度的埃拉维尼尔·瓦拉里万和阿普维·昌德拉，被认为是奥运会夺金热门选手。

然而，**名不见经传的杨倩是中国射击队的"秘密武器"**，在队内举行的四场奥运会选拔赛中，她全部拿到第一名。

挑起大梁

在外界看来，杨倩是无人在意的"小透明"。但在中国射击队的计划内，她是帮助奥运会中国体育代表团冲击2020东京奥运会首金的重要人选。

2021年7月24日，东京奥运会女子10米气步枪的比赛正式打响，杨倩出战资格赛，面对来自世界各国的强手，她的冲冠之路注定艰险。

果不其然，资格赛的征途就已布满荆棘。杨倩在开局打得不错的情况下，比赛中段一度出现了低潮。她稳健地选择停下来，调整节奏并且不断暗示和鼓励自己。最终杨倩打出628.7环,以第六名的成绩有惊无险地进入决赛。

这届奥运会的资格赛中意外不断,两位来自印度的夺金热门选手瓦拉里万和昌德拉全遭淘汰。她们前一秒还是夺金大热,后一秒却只能遗憾出局,将射击比赛的残酷彰显无遗。

一路逆袭

决赛第一组共计5枪的射击，杨倩的表现并不稳定，她仅仅打出了51.9环的成绩，在8名决赛选手中只排在并列第五名的位置。赛前不被看好、资格赛第六名、决赛首轮结束后排在第五名，就是在这种不利的局面下，年轻的杨倩开启了自己的"逆袭之旅"。

决赛第二组共计5枪的射击，杨倩打出了52.8环的成绩，以104.7环一跃成为第一名。决赛16枪打完，杨倩的成绩是168.3环，她以0.7环的优势继续排在第一名，也为随后开启的残酷的淘汰赛制，积累了足够安全的优势。

尽管暂时排在决赛选手中的第一名，但是杨倩距离最终的奥运金牌，还有漫长的距离。面对末位淘汰的赛制，稍有不慎她就可能出局，**而接下来惊心动魄的冲金征程，也彰显了射击这个项目的残酷和魅力。**

一枪制胜

2020东京奥运会的射击比赛,引入了刺激的末位淘汰赛制。进入到末位淘汰阶段,每位选手每轮都有2次击发的机会,当轮比赛结束后,总成绩排在最后的选手将被淘汰,直至场上仅剩2名选手,比赛随即进入金牌决战。

杨倩成功进入到最后2名选手的决战,她面对的是俄罗斯选手阿纳斯塔西娅·加拉希娜,此时后者的成绩领先杨倩0.1环。

倒数第2枪的对决,加拉希娜打出了10.8环,此时杨倩顶住压力,打出了10.7环,总成绩仅落后0.2环。

最后一枪,加拉希娜在巨大的压力之下仅打出8.9环。胜利的天平倒向杨倩,最终她打出9.8环,逆转摘金。

决赛的最后一枪,**杨倩在心理和技术的层面都更胜一筹,一枪制胜,一战成名。**

淡定"比心"

也许是对自己最后一枪的表现不够满意，也许是还未从激烈的比赛中完全缓过神来，夺金之后的杨倩并没有过于兴奋，她转身冲着支持她的观众挥了挥手。

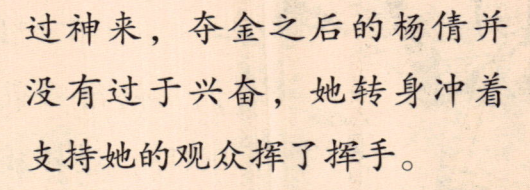

领奖台上的00后杨倩，凸显了自己可爱的一面，她冲着观众席举起双手，摆出了一个爱心的形状。"比心"从此成为杨倩的标志性动作之一，也成为2020东京奥运会的经典庆祝动作之一。

在奥运会夺金后，杨倩变成了家喻户晓的人物，她惊讶于自己有如此高的关注度，表示"会觉得有点不真实"。在每次接受媒体采访时，**她没有激动的表达，只有盈盈的笑意和恰到好处的落落大方。**

赛前，她是世界排名第81位的"秘密武器"；赛后，"比心女神"、00后神枪手、清华学霸，杨倩的这些标签逐渐被人所熟知。她不再是神秘的、遥不可及的奥运冠军，更像是一个可爱的、亲近的邻家女孩。

首金传承

随着杨倩逆转摘金，中国射击队这个肩负首金（当届奥运会产生的第一枚金牌）重担的团体再次不负众望，帮助奥运会中国体育代表团实现开门红。

50后的许海峰，拿下了1984年洛杉矶奥运会的首枚金牌。这个里程碑的时刻成为起点，中国射击队的首金传承就此开启。

2004年雅典奥运会，杜丽摘得女子10米气步枪的金牌，首金再次花落中国；2012年伦敦奥运会，易思玲在女子10米气步枪的比赛中折桂，传承了力夺首金的荣耀；2020东京奥运会，00后杨倩接过了接力棒,在重压之下一枪制胜,不辱使命。

一代代中国射击健儿背负压力,奋勇拼搏,为传承首金荣耀砥砺前行。

再度冲金

首金,并非杨倩在2020东京奥运会征程的终点。这位新科奥运冠军在接下来的比赛中愈战愈勇,她携手队友杨皓然,再度为奥运会中国体育代表团添上一金。

2021年7月27日,东京奥运会10米气步枪混合团体的决赛打响,这是奥运会的新增项目。杨倩和杨皓然携手出战，两人一路过关斩将杀入决赛。决赛中，他们的对手是来自美国的卢卡斯·科泽尼斯基和玛丽·塔克。

混合团体的决赛，每一轮射击男女队员各打一枪，两个人的成绩相加为总成绩，总成绩更好的一队单轮加2分，另一队则得0分。若成绩相同，则每队各得1分。率先得到16分的队伍，将拿到最终的胜利。决赛的争夺让人紧张不已，双方从开局就比分紧咬，一路激战到11比11。随后杨倩和杨皓然分别打出10.8环和10.7环的好成绩，中国队得到2分。关键的第13轮，杨倩和杨皓然均打出了10.4环，中国队以15比11领先，距离冠军咫尺之遥。

加冕"双冠王"

尽管美国队顽强地追回2分，但在第15轮，杨皓然和杨倩分别打出10.7环和10.4环，美国队仅打出10.0环和9.8环，最终中国队以17比13击败美国队拿到这枚金牌。**00后杨倩单届奥运会斩获两枚金牌，成为奥运会中国体育代表团首位00后"双冠王"。**

杨倩取得了梦幻的成绩，也成为全民热捧的"女神"。她不仅是赛场上的神枪手，更是一名学霸。早在代表中国射击队出战奥运会之前，她便已经被清华大学录取，成为清华大学经济管理学院的一名学生。

　　她爱睡觉，年少时曾在青少年比赛的赛前训练中睡着；她爱打扮，每次夺金之后她的指甲和发饰都会成为热议的话题。她可以在决胜一枪顶住压力，获得最高荣耀；也可以在颁奖仪式上"比心"，彰显可爱一面。真实、自信的杨倩，时刻都在向世界传递着中国运动员全新的精神风貌。

致敬
奥运会英雄谱

射击，一直是奥运会中国体育代表团的优势项目；冲击首金，一直是中国射击队在奥运会中肩负的重任。射击比赛的残酷性与首金的特殊意义叠加，中国射击健儿在奥运会征程中背负着常人难以想象的压力。但他们已经习惯了在压力中前行，在压力中迸发出"舍我其谁"的气魄。篇幅有限，无法写尽每一位中国射击人的奋斗征程，谨以英雄谱的方式，向每一位中国射击人致敬。

1984 年洛杉矶奥运会		
许海峰	男子 50 米自选手枪慢射	金牌
吴小旋	女子 50 米步枪三种姿势	金牌
李玉伟	男子 50 米移动靶	金牌
吴小旋	女子 10 米气步枪	铜牌
黄世平	男子 50 米移动靶	铜牌
王义夫	男子 50 米自选手枪慢射	铜牌

	1988年汉城奥运会	
黄世平	男子50米移动靶	银牌
许海峰	男子10米气手枪	铜牌
	1992年巴塞罗那奥运会	
王义夫	男子10米气手枪	金牌
张山	双向飞碟	金牌
李对红	女子25米运动手枪	银牌
王义夫	男子50米自选手枪慢射	银牌
	1996年亚特兰大奥运会	
李对红	女子25米运动手枪	金牌
杨凌	男子10米移动靶	金牌
王义夫	男子10米气手枪	银牌
肖俊	男子10米移动靶	银牌
张冰	男子双多向飞碟	铜牌
	2000年悉尼奥运会	
蔡亚林	男子10米气步枪	金牌
陶璐娜	女子10米气手枪	金牌
杨凌	男子10米移动靶	金牌
王义夫	男子10米气手枪	银牌
陶璐娜	女子25米运动手枪	银牌
高静	女子10米气步枪	铜牌
高娥	女子多向飞碟	铜牌
牛志远	男子10米移动靶	铜牌

2004 年雅典奥运会

杜丽	女子10米气步枪	金牌
王义夫	男子10米气手枪	金牌
朱启南	男子10米气步枪	金牌
贾占波	男子50米步枪三种姿势	金牌
李杰	男子10米气步枪	银牌
魏宁	女子双向飞碟	银牌
王成意	女子50米步枪三种姿势	铜牌
王正	男子双多向飞碟	铜牌
高娥	女子双多向飞碟	铜牌

2008 年北京奥运会

庞伟	男子10米气手枪	金牌
郭文珺	女子10米气手枪	金牌
陈颖	女子25米运动手枪	金牌
邱健	男子50米步枪三种姿势	金牌
杜丽	女子50米步枪三种姿势	金牌
朱启南	男子10米气步枪	银牌
谭宗亮	男子50米自选手枪慢射	银牌
胡斌渊	男子双多向飞碟	铜牌

2012 年伦敦奥运会

易思玲	女子10米气步枪	金牌
郭文珺	女子10米气手枪	金牌
陈颖	女子25米运动手枪	银牌
魏宁	女子双向飞碟	银牌

丁峰	男子 25 米手枪速射	铜牌
喻丹	女子 10 米气步枪	铜牌
王智伟	男子 50 米自选手枪慢射	铜牌
2016 年里约奥运会		
张梦雪	女子 10 米气手枪	金牌
杜丽	女子 10 米气步枪	银牌
张彬彬	女子 50 米步枪三种姿势	银牌
庞伟	男子 10 米气手枪	铜牌
李越宏	男子 25 米手枪速射	铜牌
易思玲	女子 10 米气步枪	铜牌
杜丽	女子 50 米步枪三种姿势	铜牌
2020 东京奥运会		
杨倩	女子 10 米气步枪	金牌
张常鸿	男子 50 米步枪三种姿势	金牌
庞伟/姜冉馨	10 米气手枪混合团体	金牌
杨倩/杨皓然	10 米气步枪混合团体	金牌
盛李豪	男子 10 米气步枪	银牌
庞伟	男子 10 米气手枪	铜牌
杨皓然	男子 10 米气步枪	铜牌
李越宏	男子 25 米手枪速射	铜牌
姜冉馨	女子 10 米气手枪	铜牌
肖嘉芮萱	女子 25 米运动手枪	铜牌
魏萌	女子双向飞碟	铜牌

截至 2020 东京奥运会结束

射击小百科

☆ **历史起源**

射击运动是使用运动枪支向各种预先设置的目标进行射击，以命中精确度计算成绩的一种体育运动。这些目标可以是静止的，也可以是被称为飞碟的移动目标。射击最早起源于狩猎和军事活动。在1896年举办的第一届奥运会上，射击就是九个大项中的一项。第一届世界射击锦标赛于1897年在法国里昂举行。1907年，射击的最高组织机构国际射击运动联合会（International Shooting Sport Federation，简称国际射联）正式成立。

目前的奥运会比赛中，射击运动被分为三个不同的类别：步枪射击、手枪射击和飞碟射击。（1900年起，奥运会设置移动靶射击项目，

但在2005年10月,国际奥委会取消该项目。)

☆装备介绍

枪

气步(手)枪:使用压缩空气作为动力,口径为4.5毫米,射击距离为10米。

小口径步枪:口径为5.6毫米,50米步枪三种姿势比赛所用的枪支。

小口径手枪:口径为5.6毫米,男子25米手枪速射和女子25米运动手枪比赛所用的枪支。

猎枪:使用12号霰弹的双管猎枪,飞碟比赛所用的枪支。

靶

奥运会手枪项目和步枪项目都采用国际射联认可的电子靶。

在飞碟项目中，碟靶的颜色为黄色或橙色等鲜艳颜色，决赛中必须使用充填彩色粉末的特殊（闪光）碟靶。

着装

步枪项目：包括射击上衣、射击裤、射击鞋、射击手套和射击皮带等。比赛前须进行检查，确保着装的硬度、厚度等指标符合规则要求。

手枪项目：着装没有特殊要求，允许穿专用射击鞋或低帮鞋，鞋底脚掌部分应柔韧。

飞碟项目：着装没有特殊要求。但双向飞碟的选手必须在其射击服上佩戴国际射联的标志带，以便裁判员可以随时观察到射手在举枪时是否犯规。

☆ 名词解释

手枪速射	射手对距离25米的靶射击60发计分射,每组5发,按8秒、6秒、4秒的射击时间各完成两组射击,共30发子弹,随后按相同方法完成另外30发子弹的射击。
步枪三种姿势	射手以跪姿、卧姿、立姿三种姿势分别进行射击。
气步(手)枪	射手对距离10米的靶射击60发计分射,总时限为75分钟。
双向飞碟	抛靶机向固定方向抛出碟靶,一次抛一靶或双靶。
多向飞碟	抛靶机抛出距离、高度和方向均不相同的碟靶,一次抛一靶。

本书所有数据统计截至2024年巴黎奥运会开赛前。

奥运冠军　许海峰

　　时钟拨回到1984年洛杉矶奥运会，中国体育代表团重返夏季奥运会大家庭。我在男子50米自选手枪慢射的比赛中获得冠军，这是中国奥运历史上的第一枚金牌，我也非常幸运地成为历史的一部分。

　　时光荏苒，从1984年到2024年，40年的时间里，不仅这个世界发生了翻天覆地的变化，中国体育在世界体坛的竞争力也在变化。如今的中国体育早已发展壮大，中国体育代表团在奥运会赛场上的实力也早已居于世界前列。《中国骄傲》呈现了这风起云涌、值得被历史铭记的40年，呈现了在这40年中无数个动人的中国体育英雄故事，呈现了无数个奋勇开拓的中国体育人为中国体育谱写的华美乐章。

　　我深深记得，1984年，时任国际奥委会主席的萨马兰奇为我颁发奥运金牌的那一刻，我无法形容内心的激动，那是我一生中最骄傲的时刻。每名运动员职业生涯最荣耀的时刻，便是身披中国队的战袍，站在为国争光的赛场上，让五星红旗升起、让《义勇军进行曲》奏响。

40年过去了,正是因为无数中国体育健儿的拼搏和努力,如今的中国体育已经强大到不需要用奥运金牌的数量去证明自己。中国体育已经迈向了全新的发展阶段,我们希望有更多的孩子爱上体育、走向户外,在运动中感受体育的魅力,在竞技中得到最好的熏陶。

这也正是《中国骄傲》系列图书在当下的重要意义。它让中国体育辉煌的历史有了生动的呈现,并将其传递给每一位读者。它更期待为中国体育带来璀璨的未来,让中国体育健儿书写的绚烂奋斗史,走进每一位读者的精神世界,播下中国体育强国梦的种子,为中国体育带来璀璨的未来。

我们满怀信心和希冀,希望《中国骄傲》能启迪新时代的中国少年。

图书在版编目（CIP）数据

中国射击 / 柳建伟主编 . -- 北京 : 北京时代华文书局 , 2024.7.
ISBN 978-7-5699-5567-5

Ⅰ . K825.47

中国国家版本馆 CIP 数据核字第 2024K03W77 号

Zhongguo Sheji

出 版 人：陈　涛
总 策 划：董振伟　直笔体育
责任编辑：马彰羚
执行编辑：黄娴懿　孙沛源
特邀编辑：李　天　王　婷
责任校对：畅岩海
装帧设计：程　慧　迟　稳　孙丽莉
插画绘制：范宇昊　杨　霞
责任印制：訾　敬

出版发行：北京时代华文书局 http://www.bjsdsj.com.cn
　　　　　北京市东城区安定门外大街 138 号皇城国际大厦 A 座 8 层
　　　　　邮编：100011　电话：010-64263661　64261528

印　　刷：三河市嘉科万达彩色印刷有限公司	
开　　本：787 mm×1092 mm　1/32	成品尺寸：130 mm×190 mm
印　　张：3.75	字　　数：36 千字
版　　次：2024 年 7 月第 1 版	印　　次：2024 年 7 月第 1 次印刷
定　　价：29.80 元	

版权所有，侵权必究
本书如有印刷、装订等质量问题，本社负责调换，电话：010-64267955。